МЕЖДУНАРОДНАЯ
АКАДЕМИЯ
КАББАЛЫ

THE NORTH FACE

В хайку человек не выражает мысли.
В них не надо быть умным.
Надо просто поймать зарождение
какого-то чувства – из чего оно истекает и во что оно втекает, –
и это чувство изобразить.
Это и есть хайку, как я его понимаю.

М. Лайтман

УДК 130.12
ББК 84
Л18

Лайтман, Михаэль
Л18 Каббалистический хайку / Михаэль Лайтман. – М.: НФ «Институт перспективных исследований», 2019. – 256 с.

ISBN 978-5-91072-096-5

Удивительное дело, с одной стороны, Михаэль Лайтман – всемирно известный исследователь в области классической каббалы, его 70 книг переведены на 40 языков. А с другой – перед нами романтик, поэт, который пишет о том, что сегодня в таком дефиците – о единстве, любви!.. Почитайте эту книжку, почитайте, вот увидите, вы захотите, чтобы она стала вашей настольной, карманной, чтобы все время была с вами. Почему? Да потому что она о вечном. О том, что не исчезает, не стирается, не мельчает, а есть всегда.

КАББАЛИСТИЧЕСКИЙ ХАЙКУ. М. ЛАЙТМАН

МЕЖДУНАРОДНАЯ
АКАДЕМИЯ
КАББАЛЫ

2019

Эго растет — я расту
над ним,
Входя в ощущение
высшего мира.
В этом вся каббала.

Как мудрости
много надо,
Чтобы достичь
наивности
Над нею.

Чем больше
во мне эгоизма,
Управляя им,
Я ближе к Творцу»

Созданный эгоистом,
Презираю всех,
Не умею плыть в море
любви.

Свет изменит эгоизм,
Если умолить Его.
Жду вдохновенья.

Касание эгоизма
умножает его.
Обращусь к Творцу,
Пусть управляет им.

Я раскрыл Творца
Как источник эгоизма,
Тем победив обоих.

Освободиться от пут
наполнения
Друзья помогут мне.
Выберусь на свободу.

Если создашь в себе
Любовь к другим —
Создашь из себя Творца.

Нашел источник жизни
Среди развалин мудрости.
Книга Зоар.

Кто желает знать,
Как изменить мир? —
Но сижу без дела...

Тайное в мире —
намерения.
Явное в мире —
действия.
Что стремлюсь увидеть?

Смеются над каббалой.
Считают наивным
занятием.
А сами сегодня тут, а
завтра...

Связь с Творцом через
человечество,
И только в этом порядке
и степени,
Таково Его условие.

Завидую товарищам,
Горжусь быть среди них,
Надеюсь стать как они.

Удалюсь от врага — тепло,
Ближе к другу — тепло.
Теплота обманчива.

Свет создает
Себе обратное и Себе
подобное,
Научись управлять им.

Тону в потоке эгоизма,
Товарищи бросили веревку.
Молюсь о них, не о себе!

Товарищи раздражают.
Обязан полюбить их так,
Чтобы вместо них
ощутить Творца.

Отменяю эгоизм, чтобы стать как Творец.
А это не еще больший эгоизм?
В сомнении...

В каждом есть точка
связи с Творцом,
Каббалисты обязаны
активизировать ее.
Так исправится мир.

Истина коснулась меня.
Я понял:
Если величие Творца во мне превыше всего —
Оно спасет меня!

Хоть и невидима цель,
Далека, как мечта,
Но как радостно, что
есть она!

Радость
озарила темноту,
Это точка в сердце —
Как искра коснулась
Творца.

В высях Батья,
Дочь Фараона и дочь
Творца.
Всех окутывает
покрывалом света.
(Зоар. Лех леха, 196)

Близок Творец
к разбитым сердцам,
Отчаявшимся насладить
раскрывается Он.
Ведь сердце разбитое по
Творцу – самое цельное!
(Рабаш. Работайте на
Творца в радости)

Арба, разбитой дорогой,
тащила меня...
Вдруг взмыл, как ангел,
окрылевший мул —
Я осознал величие Творца.

Все глубже падение
в отчаяние,
Но пробуждается капля
единства –
Искра света в египетской
тьме...

Эгоизм — стремление поглощать.
Конкуренция ведет к войнам.
Я знаю, как каждому дать ВСЕ не за счет других.

Эго-чудовище, поглотив
все мои усилия,
Затем разом
их изрыгнет,
Извернув с получения
на отдачу,
в радость мне!

Эгоизм порожден Творцом.
Вреден не он, а его
применение,
Поэтому называется
«Помощь против тебя»

Даже с точкой в сердце
родившись,
Ты — один из тысячи,
входящих в класс.
Закончишь ли ты его —
в желании Творца.

Импульс уничтожить эгоизм — тот же эгоизм! Верно: обратиться к Творцу. Действуя сам, только удвоишь его!

Счистить с себя кожуру
намерений –
Преград объединиться
с группой –
Условие прорыва к Творцу.
Песах!

Важность Творца дает
наслаждение
В избавлении от эго-
Фараона
Хотя еще идея бегства
непонятна мне...

49 нечистых врат
запирают нас в группе,
50-е обращают зло
в любовь.
Все врата раскрывают
важность Творца.

Великий подарок —
родиться с точкой
в сердце,
Это Творец дает
мне шанс!
Как не упустить его? —
встревожен я...

Стал непригодным
для жизни наш мир.
Но не надо его
исправлять —
Поднимемся
к высшему миру!

Чем выше от животного
уровня растет человек,
Тем больше намерение
определяет суть
действия.
Пока не останется
одно намерение —
высший мир...

К сердцу товарища
пробиваю проход
в высший мир.
Для товарища —
он материален,
Для меня — духовен.
Связь миров.

Отношение к другу — это
намерение,
в высшем — мы одно
целое.
Желаю ему добра ради:
себя, нас, него, Него?

В нашем мире действий
строим правильные связи,
Убираем действия –
Получаем высший мир.

Делать другому добро,
как понимаю я —
мой эгоизм
Делать другому добро,
как понимает он —
его эгоизм
Делать другому добро,
как понимает Творец —
вера!

Исраэль — это
устремление к Творцу.
Началось с Вавилона,
но так закончат все —
Это план Творца.

Управляемый светом,
я стану управляющий
светом,
Отраженным экраном
Доброго намерения.

Похоронная команда —
группа,
Повивальная команда —
группа,
Я — в их руках!

Каждый день я жду и
смерти, и рожденья,
Желаний получать и
отдавать.
Прекрасна жизнь!

Оказывается, ЭГО есть
только в духовных
действиях,
И только в каббалистах
возникает оно.
Радуюсь, что и я —
эгоист...

Группа как матка матери,
Бина, Творец.
Я — капля семени в ней,
В мере отдачи себя ей —
расту.

Станет неживое
растением, растение –
животным,
если их осветит высший
свет.
Станет животное
человеком,
если само потребует
высший свет.

Ангел ударом толкает
к развитию каждую часть
творения.
А я должен бить
себя сам.
Как ангел?

Все против каббалы своим эгоизмом. А кто пытался овладеть — противник вдвойне. Ведь осознал к чему зовет она...

Каббала против
нашего Эго,
Его уничтожить
предлагает она.
Как хорошо, что скрыта
от людей!

Каббала учит сменить
Эго любовью... —
Чувствую ненависть
к ней.
Становлюсь
антисемитом!

Убить себя желает
только враг...
Убить себя-животное –
мечтает каббалист.
Умри животное –
и станешь человеком.

Встреча со старым другом:
Работает, чтобы люди жили 150 лет.
Работаю, чтобы жили бесконечно...

В претензии ко мне
религии отцы —
Не в ешиве,
а в школе я своей.
И обучаю ремеслу Творца.

Учусь от эгоизма быть
верным слугой Творца.
Когда научусь у него,
Стану как Творец!

Большая мудрость:
растить под кожурой
эгоизма
Плод-желание отдачи
и любви.
Очистить, после
созревания...

Сколько взять из
сокровищницы Творца? –
...сколько сможешь
раздать товарищам.
Это – наполнение души.

Отраженный свет
искрится,
Высекая из желания,
Искры света и любви...

Как выпрямитель тока я,
Складываю подъемы
и падения,
Пока тьма воссияет
как свет!

Убить в себе
египтянина –
Означает понять,
Что нет злодея в Царском
Дворце.

Убить в себе египтянина
означает,
Принимать падения как
подъемы –
Радовать ими Творца.

Необходим
огромный эгоизм
для развития души.
Таким он дан евреям —
Но дан — лишь для
развития души!

Продвижение — в мере
важности Творца.
Важность Творца —
в мере важности Его
в группе.
Важность группы —
в мере принижения себя.

Много лет я верхом
на доске,
Пригибаюсь перед
волнами –
Хочу стать как раби
Акива...

Ухватились за меня
два ангела,
Добрый и злой —
Не могут поделить...

Как прекрасны,
мимолетны мгновенья
Контакта с Творцом –
Все источники мои
в Тебе...

Прошу, проверь,
На верном ли я пути? —
Сумерки ...

Твореньям заданы начало
и конец.
Но кто из нас:
Я иль Творец
Опередит ко встрече?

Как клапан сердца
пропускает кровь,
Так мой экран
впускает Свет.
Но повышается
давление...

THE
NORTH
FACE

Мир закончил свое ЭГО-
развитие.
Далее: путь света или
страданий?
Зависит от меня...
Страшусь!

Как ветер проносятся
мысли,
Как волны проносятся
чувства
А я — как скала...

Наполнения светом – вкусы (таамим),
Истечения света – вспоминания (некудот),
Ожидания света – роды (лида).

Постоянно в ожиданье,
Притаив (затаив) дыханье
Вот придет оно...

Закончи за меня
мой стих,
Как пожелаешь! –
Я благодарственно
приму.

Кого благодарить
мне больше:
Творца за группу
Или группу за Творца?

Иссыхает годы гордыня,
Чтобы в смирении
Уподобиться Творцу.

Мир, что пред тобой –
это ты.
Мир, что в тебе –
это Творец.
Совмести миры.

Columbia

Окутало меня
теплое облако –
Это Творец
обнимает меня,
Не скрывает любви.

Никогда не могу угадать
Следующего мгновения.
Живу настоящим.

Радует: раздолбанный мир
Идет к переменам.
Наступает час.

Застывает кровь
В ожидании
Мира перемен.

Конечная форма определяет исходную. Значит, все во мне... Идеально для достижения цели.

У кого есть точка
в сердце,
У того одна задача:
Создать из остальных
Адама и Творца.

Как смотреть в себя?
Смотри на товарищей
и чувствуй свою реакцию.
Это называется
«смотреть в себя».

Растворись
в потоках мыслей
На уроке
И пари в них,
как птица.

Что такое хорошо,
а что такое плохо?
Ради других — хорошо,
ради себя — плохо.
Вот ты и нашел
духовный ориентир.

Страдания —
это отсутствие Творца
Как связи между нами —
Наполни Им весь мир.

Преклони
свою гордыню, —
Если Бог тебе позволит
Преклонить себя
пред Ним.

Сердце шепчет молитву,
А разум сушит ее.
Гневаюсь.

Если сольешься с Творцом,
увидишь свои действия
совершенными.
Увидишь, что ничего
сам не совершил,
Что все делал
только Творец.
Нет никого кроме Него!

К чему суд и раскаяние?
Наказание
вознаграждением
За то, что не верил,
что все исполняет
Творец.

И никого ни в чем
не обвиняй.
В чем не согласен —
угадай Творца.
Дай свету растечься
по душе...

Люди неправильно ищут связи.
Связь между нами возможна
...но через Творца.

Мы начнем понимать
друг друга,
Когда свяжемся
через Творца
И ради Творца.

Связь между нами —
через экран.
Сила экрана в мере
подъема
Над эгоизмом.

Молитва — моя просьба,
Способная возбудить
Творца
Помочь другим.

Потеряй время, место,
Ощущение Я –
Обрети жизнь в Творце.

На уроке я парил
В поле чувств
Восходящего потока.

Притяжение
и отторжение —
Противоположные силы —
Рождают разум и свободу.

Прилагаю усилия —
Иначе мир заслонит
Творца.
Тону!.. Помогите!..

В просьбе чувствую
Творца близким,
В благодарности —
далеким.
Противоречие?..

Columbia

Научи, покажи, поддержи,
Измени меня —
И тогда смогу я сам!

Ныряй все глубже
в группу –
Пока не обнаружишь
в ней Творца.

Творец, как младенца,
поставил меня
Пред Собой.
Ждет моего шага.
Шатаюсь и плачу...

Только через других
Я могу изменить судьбу?
Как безнадежно!..

Обретя любовь к другим,
Стань их рабом,
Но свободным от себя!

Намерение — связь
с концом действия.
Намерение — будущее
в настоящем.
Живи в нем!

Страдание – отсутствие
связи между нами,
Ведь в них ощущение
Творца.
В оковах эгоизма.

Махсом не проходят —
Через махсом переносит
Волна цунами любви
к Творцу.

CAPPUCCINO

Умирая, понимаешь:
Смысл всех усилий
жизни –
Создать пустоту...

Не приносят
ли больше вреда
Добрые поступки,
чем злые,
Отдаляя нас
от осознания зла?

Наблюдая за врагами
внешними,
Раскрывай врагов
внутренних –
И побеждай!

Условие существования
Израиля
Не враги, войны
и победы –
А объединение!

Гордость за достижения
Раскрывает падение духа,
Победу клипот...

Наказания не помогают,
страдания не учат,
Катастрофу забыли,
Исправление – только
светом свыше!

Если не раскрываешь
пороки в себе,
Они раскрываются
снаружи –
Вот и выбирай...

Ничто не остановит
падение мира,
Только раскрытие
каббалы –
Ее высший свет.

Если люди сбиваются
в группу на равных,
Они обязывают
этим Творца
Управлять ими.

Если люди сбиваются
в группу на равных,
Вызывают, подобием
свойств, высший разум
Управлять ими.

Победили меня
сыновья мои:
Своим единением,
вынудили меня
Раскрыться в них!

Объединяемся –
Творец ближе.
Разъединяемся –
Творец дальше.
Это определяет жизнь!

Творец — скрытое поле.
Объединением,
входим в него,
Сливаемся с ним.

Со времен Авраама
На каждой ступени
теряем друзей!
Так создается
Голова Души.

Моше сбежал от доноса
собратьев
За то, что убил в себе
Египтянина...

Помехи стражников
обратим в сплочение
Молитвой — так
не потеряем товарищей
И достигнем вершины.

Творец ошибается? –
Свет находится
в полном покое –
И потому не может
ошибаться!

Главное — потерять себя!
Вместо себя
обретешь других,
в них ощутишь мир
и Творца.

«Поглотит чудовище
и изрыгнет».
А уже затем человек
сможет исправить его.

Скрыты условия
выхода к свету,
1000 входит,
но 1 лишь выходит.
Как?
— Понравься Творцу!

Счисти с себя эгоизм,
Как с плода в Песах
кожуру —
И обретешь свободу!

Нож, очищающий
эгоизм с тела –
Важность Творца.
Удали кожуру –
и слейся с Ним.

«Все прегрешения покроет любовь»:
Прегрешения остаются,
Но исправляются любовью.

Никаких запретов,
Кроме одного:
Не ради себя,
а ради других...

Проверил я себя
И убедился:
«Мнения Торы
и обывателей
противоположны».

Тысячелетия
страдают евреи,
Но причину ненависти
к себе не желают
принять!
Воистину жестоковыйный
народ...

Истина коснулась меня:
Задача евреев донести
свет Творца этому
миру –
Перевести мир
от ненависти к любви.

Группа восхваляет путь —
дает энергию —
Поэтому уверен я,
Что мы достигнем цели!

Если вместе,
Переносимое одним –
Уже не должен проходить
другой...

Группа получает удары
групповые —
Именно в них
Она вся выходит в Свет!

Удары в группе —
это корректировка
объединения —
пока в нем
не засветит свет!

От начала пути
и до конца —
Все действия —
Только все большее
единение группы!

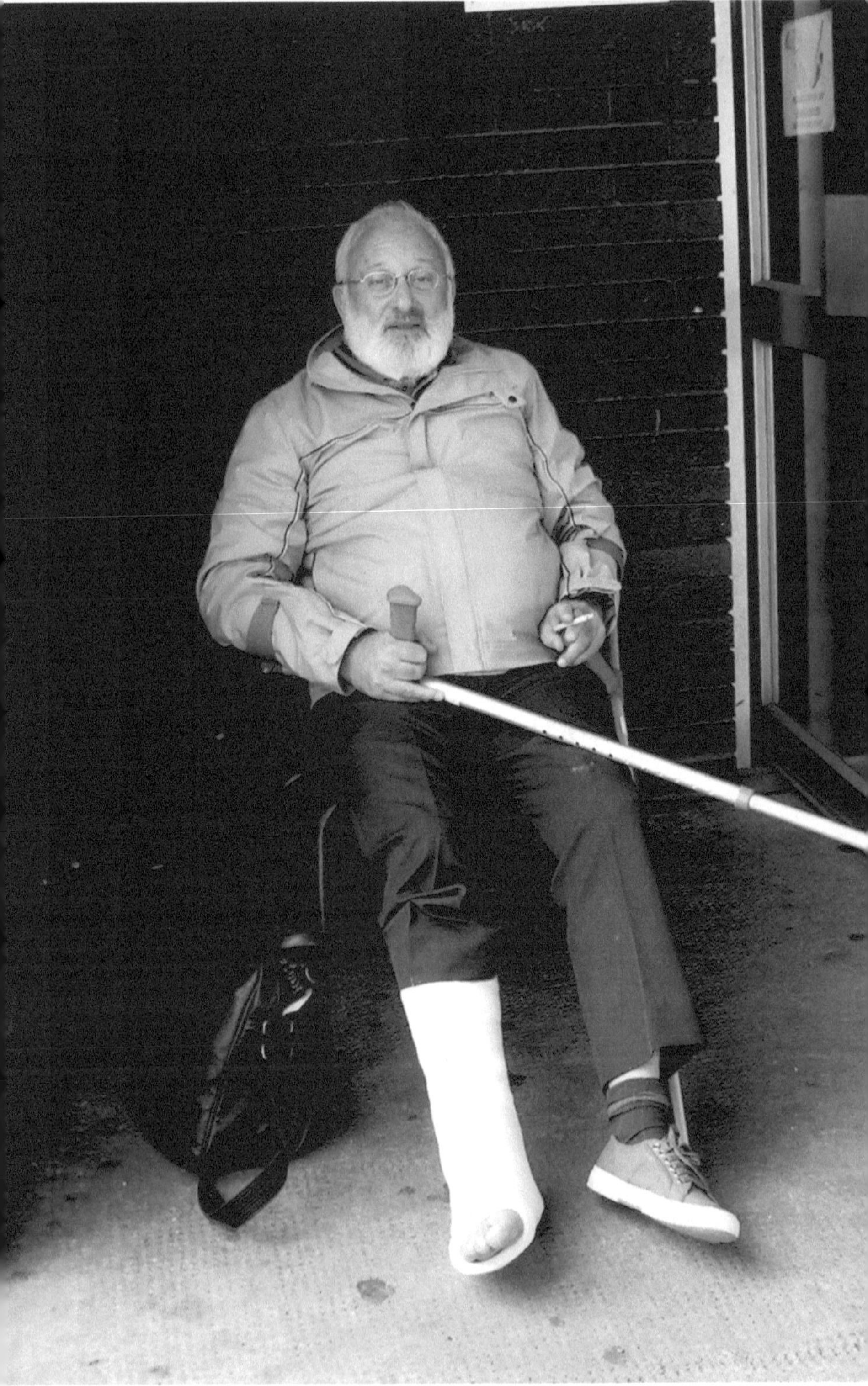

Личные удары
не в счет —
Они не духовны!
Духовны только помехи
в единении группы!

Эгоизм считается тот,
Который против единения
в группу.
Прочий — животный!

Необходимо переключить внимание
С себя на группу –
Тогда ты смотришь на место раскрытия Творца...

Я создал эгоизм –
Творец имел в виду,
Что проявился
в разбиении души.

Не могу избавиться
от эгоизма,
Потому что неправильно
вижу его:
Исправляется только
помеха объединению!

Как долго надо блуждать,
Пока не осознаешь,
Где то, что надо
исправлять...

Долго старался
исправить себя,
Зато понял:
Исправлять единение
с группой!

Группа обязана восхвалять
Только единение –
тогда будут силы
У каждого объединяться.

ited
World

Каждое состояние оценивать не лично, а как оно в группе вызывает большее сплочение?

Чтобы понять
смысл ударов,
Надо видеть
их необходимость
Для большего единения.

Именно в группе понятно:
Каждый получает удары
Необходимые не ему,
а группе.

Перенеси защиту себя –
На твёрдость к себе,
Рождая мягкость
к товарищу...

Расслабься, будь ближе сердцем к товарищу. Отпусти сопротивление. Выпусти себя, как птицу из клетки.

План Творца неизменен, свет в покое. Происходящее – реакции света на наши действия. Каббала учит поступать согласно свету.

Я АВАЯ не меняю.
Это вы видите мир –
свои мысли и действия –
на фоне ровного
доброго света.

Зря вы приписываете
Мне вознаграждения или
наказания ваши —
это вы же сами
и совершаете,
и получаете!

Казнить или помиловать,
поднять иль уронить —
Высший свет один.
Но подготовка
(кли) определяет
самочувствие...

Евреи не выполняют миссии — приносят несчастье.
Но есть лишь одно исправление —
Народы, вынудите их объединяться!

Так и сказано пророком:
«Народы мира приведут
народ Израиля
в Иерусалим,
Выполнить их миссию!»

Рассвет —
всего лишь свет,
А мир все тот же,
Нет жизни в нем, лишь
существованье...
Что делать нам
с природой нашей?

Наполнена вся злом она,
В развитии –
еще коварней.
Но вспомнил я причину
Своего разочарования –
Творец!
И сразу все ожило...

Прекрасный знак духовного
развития:
Когда я ежедневно начинаю
Вновь собирать свои
разбитые желанья.

Закон души — союз
ее частей
Столь связанных,
Что постигается лишь
из разбиения.
Есть только миг, а в нем
Нет никого кроме Него —
И пустота, ничто...

После лет разочарований
наполнить себя,
Обнаружилась возможность
наполниться Мыслями
«от себя к Творцу».

Там, где кончается
безнадежностью забота
о себе,
Появляется возможность
посвятить себя заботе
«о Творце»
...и этим наполнить
себя?! — ...Эгоизм?

…Первый отрыв «себя
от себя» –
Это еще не прилив
«себя к Творцу».
Как мать ощущает
себя вся в младенце,
Такого отрыва от себя
надо достичь.

Постижение Творца —
в достижении
независимости
от эгоизма,
Это и есть наполнение!

Творец существует,
в мерах постижения
«Нет никого кроме
Него».

Как важны связи
между нами –
Они образуют одно
желание души.
Так я связан со своей
душой!

Самим из эгоизма
не выйти,
Нужна внешняя сила —
Творец извлечет нас
из тюрьмы.

Делая нас отличными
от эгоизма,
Творец извлекает нас
из него –
Эгоизм не замечает нас!

Раскрывается Творец —
исчезает страх.
Абсолютно уверен,
абсолютно наполнен!
Но как же не хватает
того страха...

Мир в отчаянии:
Он сможет получить
разум и силы
Только
из объединения...

Поднявшись над эгоизмом,
Мы подключимся
к общей памяти,
Начнем понимать
друг друга.
Эта память — природа
или Творец.
А в ней вечное
движение — Душа!

Соединяясь над
разногласиями,
Мы постигаем Истину-
объединение Над Ложью-
разъединением.
Так постигаем мы
Замысел Творца,
И связь действия
с чувством.

Высший мир
называется обратный:
Мы воюем в нем
не между собой,
а с собой,
Чувствуем не себя,
а других...

Мир не труден
для исправления –
Если стараться
сквозь него
Постоянно видеть
Творца.

Мы меняем не желание
и не действие,
А только намерение
Ради кого.

Созданы мы, чтобы
постичь мудрость каббалы.
Хотите верьте,
хотите — нет,
Но лучше проверьте!
Ведь как писали
Книгу Зоар:
Чуть не убили друг друга,
Но это Книга на все
времена.

Кислые мысли проникли
в мозг —
И прокисло намерение.
Скрылся Творец...

Есть только две власти —
власти любви,
Одна — власть любви
к себе, а еще — власть
любви к другому.
А я между ними —
маленькая точка —
Непростой выбор...
(прислал ученик)

К сердцу товарища
пробиваю проход
в высший мир.
Для товарища
он материален,
Для меня — духовен.
Связь миров.

Истина коснулась меня —
Я понял:
если величие Творца
Во мне превыше всего,
Оно спасет меня!

Махсом не переходят,
Через махсом переносит
Волна цунами любви
к Творцу!

Хотели германцы быть
радушными хозяевами
Но гости оказались
хозяевами —
Указывают хозяевам
на дверь...

Завидую товарищам,
Горжусь быть среди них!
Надеюсь стать как они!

Columbia

Если не раскрываешь
пороки в себе,
Они раскрываются
снаружи –
Вот и выбирай...

Творенью заданы начало
и конец,
Но кто из нас:
я иль Творец
Опередит ко встрече?

Постоянно в ожиданье,
Притаив дыхание,
Вот придет оно...

Человек —
это маленький мир,
Все мои свойства
рассыпаны по миру.
Как увидеть, что весь
мир — это я?

Не могу. Нужна помощь.
А кто поможет? Творец.
Ведь это Он все придумал

А я как старик
Иду по дороге
И собираю себя по крупицам...
Мыслишки-разведчики
Закрались в мозг,
Наблюдают, чем можно поживиться,
Притихли ...

Боятся, что
их заметят –
Но взглянешь
в их сторону,
И туда
стремится свет.

Улыбнешься проказникам —
И они растворяются.
Исчезли . . .

Радость озарила темноту.
Это точка в сердце,
Как искра, коснулась
Творца.

Ухватись за Творца
и не отпускай Его,
Как младенец
хватается за мать
Обрети спокойствие...

Прилипни к Творцу,
спрячься в Нем,
Укройся от всех невзгод
И пойми для чего они...

Как прекрасно
осознание того,
Что Творец становится
Из чужого — родным...

Я все отдам товарищу,
Чтобы соединиться
с Творцом,
О себе не думая совсем.

Через группу я
двадцатью руками
Хватаюсь за Творца —
Могу удержаться!

Разрушение Храма –
в нас!
Разрушение связи
между нами,
От любви к ненависти –
Что же дальше...?

Видеть мир сквозь величие Творца? Непросто. Ведь тебе надо сделать Творца Великим. Больше всего мира.

Если ты в мире Творца,
Следи за своими мыслями:
В Нём ли ты ещё
или уже вне Его?

Разрушился Храм...
Ведь исчез свет Торы,
Светящий на желания
любви.

Появилось желание
расстаться со всем
взамен «отдачи
и любви».
Но возник страх
потерять мир.

Надо много раз испытать
это желание,
Чтобы привыкнуть к нему
И согласиться!

Вначале согласие —
от зависти,
Затем —
от бренности мира,
Затем — от величия
Творца!

— Какое препятствие
находится
перед тобой?
— Между тобой
и Творцом?
— Ты сам.

Преодолеть себя, ЗНАНИЕ,
на пути к Творцу
Можно только усилиями
ВЕРЫ ВЫШЕ ЗНАНИЯ,
что Творец во всем...

Хочешь видеть дальше? –
Поднимись повыше,
Над собой. Не заслоняй
собою мир –
И увидишь высший мир,
мир выше себя!

Вначале возникает
желание,
Оно дает развитие
мысли –
Отдалить или развить
желание.

Перенеси защиту себя —
на твердость к себе,
Рождая мягкость
к товарищу...

Расслабься, будь ближе сердцем к товарищу. Отпусти сопротивление. Выпусти себя, как птицу из клетки.

Опустел я от желаний
к духовному...
Но понял:
Так Творец дает мне
возможность
Думать не о себе,
а о Нём...

ВИДЕОПОРТАЛ ZOAR.TV

http://www.zoar.tv/

Видеопортал Зоар.ТВ располагает уникальным контентом в виде бесплатных видео и аудио матери-алов, клипов, ТВ онлайн, фильмов, музыки.

КУРСЫ ОБУЧЕНИЯ

http://www.kabacademy.com/

Миллионы учеников во всем мире изучают науку каббала. Выберите удобный для вас способ обучения на сайте.

ИНТЕРНЕТ-МАГАЗИН КАББАЛИСТИЧЕСКОЙ КНИГИ

Россия, страны СНГ и Балтии:
http://kbooks.ru

Америка, Австралия, Азия
http://www.kabbalahbooks.info

Европа, Африка, Ближний Восток
http://www.kab.co.il/books/rus

М. ЛАЙТМАН

КАББАЛИСТИЧЕСКИЙ ХАЙКУ

ISBN 978-5-91072-096-5

В книге использованы фотографии из архива Международной академии каббалы.

Художественное оформление: А. Мохин
Выпускающий редактор: С. Добродуб

Подписано в печать 10.01.2019. Формат 60x84 1\32
Усл. печ. л. 8. Тираж 500 экз. Заказ № 4393.

Отпечатано с электронного оригинал-макета,
предоставленного издательством,
в АО «Рыбинский Дом печати»
152901, г. Рыбинск, ул. Чкалова, 8.

www.ingramcontent.com/pod-product-compliance
Lightning Source LLC
LaVergne TN
LVHW101917220826
846093LV00009B/277

* 9 7 8 5 9 1 0 7 2 0 9 6 5 *